M000215385

# GARRAS DEL PARAÍSO

**CHARLES BUKOWSKI** (1920-1994) nació en Andernach (Alemania), hijo de un soldado norteamericano y una costurera alemana, pero siendo todavía un niño se trasladó a Los Ángeles junto a su familia. Narrador y poeta, sus textos son casi siempre autobiográficos –protagonizados por él mismo o por su *alter ego*, Henry Chinasky– y se ocupan del lado más salvaje de la vida con un lenguaje agresivo y descarnado. Bukowski publicó más de cuarenta libros entre recopilaciones de relatos, poemarios y novelas, y falleció en San Pedro, California, en 1994. Escritor de culto en toda Europa, usó la poesía para describir la depravación de la vida urbana y retratar a las clases más oprimidas de la sociedad norteamericana. Autor prolífico e icono del realismo sucio, combinó emoción e imaginación con un lenguaje directo y repleto de imágenes violentas y sexuales. Transgresores, sus poemas son el reflejo de su personalidad intensa, resultado de una existencia vivida al límite.

# GARRAS DEL PARAÍSO

## CHARLES BUKOWSKI

Traducción de Abel Debritto, Ciro Arbós y Eduardo Iriarte
Selección de Víctor Lacarta

*En memoria de nuestro compañero*
*Víctor Lacarta (1964-2017)*

## UN SUEÑO EN LLAMAS

la vieja biblioteca pública de Los Ángeles
quedó reducida a cenizas
la biblioteca del centro
y con ella perdí
gran parte de la
juventud.

estaba allí sentado en uno de los bancos
de piedra cuando mi amigo
Baldy me
preguntó:
—¿te alistarás
en la brigada Abraham
Lincoln?

—claro —le
dije.

pero al darme cuenta de que no era
un intelectual ni un idealista
político
me eché
atrás.

era un lector
entonces
iba de sala en
sala: literatura, filosofía,
religión, incluso medicina
y geología.

pronto supe
que quería ser escritor,
creía que me ganaría
la vida
fácilmente
y los grandes novelistas no me
parecían
gran cosa.
Hegel y Kant
eran más duros de roer.

lo que me molestaba
de todos

ellos
es que les llevara tanto
decir
algo lúcido y/
o
interesante.
creía que a mí
se me daba
mejor.

descubriría dos
cosas:
a) la mayoría de los editores confundía
lo aburrido con lo
profundo.
b) necesitaría décadas de
vivencias y literatura
antes de ser capaz
de plasmar
una frase
que se aproximase
a lo que quería
decir.

así,
mientras otros jóvenes perseguían

señoritas
yo perseguía viejos
libros.
era un bibliófilo, aunque
estaba
desencantado
y eso
y el mundo
me formaron.

sin embargo,
la vieja biblioteca del centro
era mi lugar predilecto…
al menos durante el día:
resacoso y des-
nutrido.

vivía en una choza de contrachapado
detrás de una pensión
por 3,50 dólares semanales
y me sentía como Thomas
Chatterton
metido dentro de una especie de
Thomas Wolfe.

mi mayor problema eran
los sellos, los sobres, el papel
y
el vino,
con el mundo al borde
de la segunda guerra mundial.
las mujeres aún
no me habían
confundido, era virgen
y escribía entre 3 y
5 relatos por semana
y todos me llegaban
de vuelta
de *The New Yorker, Harper's,*
*The Atlantic Monthly.*
había leído que
Ford Madox Ford empapelaba
el cuarto de baño con las
notas de rechazo

pero yo no tenía
ni cuarto de baño así que las metía
en un cajón
hasta que había tantas
que apenas podía
abrirlo

así que tiré
todas las notas
junto con los
relatos.

aun así,
la vieja biblioteca pública de Los Ángeles era
mi hogar
y el hogar de muchos otros
vagabundos.
usábamos los aseos
con discreción y nos limpiábamos
el trasero
con cuidado
y solo echaban
a quienes
se quedaban dormidos
en las mesas
de la
biblioteca… nadie ronca como un
vagabundo
salvo que sea tu
pareja.

bueno, no era exactamente
un vagabundo, tenía el carnet

de la biblioteca y sacaba y
devolvía
los libros muy rápido,
pilas de libros
siempre el máximo
permitido
y sacaba
y devolvía
a mis camaradas:
Aldous Huxley, D.H. Lawrence,
e. e. cummings, Conrad Aiken, Fiódor
Dos, Dos Passos, Turguéniev, Gorki,
H.D., Freddie Nietzsche, Art
Schopenhauer, Robert
Green,
Ingersoll, Steinbeck,
Hemingway
y
demás…

siempre esperaba que la bibliotecaria
me dijera: «qué buen gusto,
joven…»

pero aquella vieja desgraciada
y acabada ni siquiera sabía quién

era ella misma
y mucho menos
yo.

pero aquellas paredes albergaban
un tesoro extraordinario: me
permitieron descubrir
a los antiguos poetas chinos
como Tu Fu y Li
Po
quienes contaban más en un
verso que la mayoría en
treinta o
en toda la vida.
Sherwood Anderson también
debió
de haberlos
leído.

también cargaba con los *Cantos*
de un lado para otro
y Ezra me ayudó
a fortalecer los brazos si no
el cerebro.

ese lugar
la vieja biblioteca pública de Los Ángeles
fue un hogar para alguien que había
tenido un hogar
infernal.

ARROYOS DEMASIADO ANCHOS PARA SALTARLOS
LEJOS DEL MUNDANAL RUIDO
CONTRAPUNTO
EL CORAZÓN ES UN CAZADOR SOLITARIO

James Thurber
John Fante
Rabelais
de Maupassant

algunos no me
llenaban: Shakespeare, G.B. Shaw,
Tolstói, Robert Frost, F. Scott
Fitzgerald

Upton Sinclair me llegaba
más
que Sinclair Lewis
y Gógol y
Dreiser me parecían
unos ineptos fracasados.

pero tales juicios eran más fruto
de una vida endogámica y/o
forzada que
de la
razón.


la vieja biblioteca pública de Los Ángeles
seguramente evitó
que me convirtiera en
un suicida
un atracador
de bancos
un maltratador
de mujeres
un carnicero o
un policía motorizado
y aunque esos oficios
tengan su lado
positivo
creo que
fue
gracias
a la buena suerte
y a mi forma de ser
que la biblioteca
estuviese

allí cuando era
joven y buscaba
algo a lo que
aferrarme
y no había
casi
nada.

y cuando abrí el
periódico
y leí lo del incendio
que había
destruido casi por completo
la biblioteca y la mayoría
de los libros

le dije a mi
mujer: «pasé
mucho tiempo
allí…»

EL OFICIAL PRUSIANO
EL JOVEN AUDAZ SOBRE EL TRAPECIO VOLANTE
TENER Y NO TENER

NO PUEDES VOLVER A CASA

## PENSIÓN DE MALA MUERTE

no habrás vivido
hasta que no hayas estado en una
pensión de mala muerte
con una sola
bombilla
y 56 hombres
apretujados
en camastros
todos roncando
al unísono,
con algunos
ronquidos
profundos
y
asquerosos
e
increíbles:
resoplidos
siniestros

carrasposos
inmundos
inhumanos
del mismísimo
infierno.
es fácil
venirse abajo
con esos
sonidos
mortales.


por no hablar
de los hedores
entremezclados:
calcetines sucios
y acartonados
calzoncillos meados
y cagados


y por encima de todo
el aire que apenas
circula
es como el que
emana de
los cubos de

basura
destapados.

y esos
cuerpos
en la oscuridad

gordos y
flacos
y
encorvados

algunos
sin piernas
sin brazos

otros
sin cabeza

y lo peor de
todo:
la falta
absoluta
de esperanza

los
envuelve
los cubre por
completo.

es
insoportable.

te
levantas

sales

recorres las
calles

subes y
bajas
aceras

pasas edificios

doblas la
esquina

y vuelves
por
la misma
calle

pensando
esos
hombres
fueron
niños

¿qué ha sido
de
ellos?

¿y qué ha sido
de
mí?

está oscuro
y hace frío
aquí
fuera.

# ABRAZA LA OSCURIDAD

la confusión es el dios
la locura es el dios

vivir en paz perpetua es
vivir en muerte perpetua.

la agonía puede matar
o
la agonía puede sostener la vida
pero la paz es siempre horrenda
la paz es lo peor
caminar
hablar
sonreír,
aparentar que somos.

no olvides las aceras
las putas,
la traición,

el gusano en la manzana,
los bares, las prisiones,
los suicidios de los amantes.

aquí en América
hemos asesinado a un presidente y a su hermano,
otro presidente ha dejado el cargo.

la gente que cree en la política
es como la gente que cree en dios:
aspiran viento con pajitas
dobladas.

no hay dios
no hay política
no hay paz
no hay amor
no hay control
no hay proyecto

mantente alejado de dios
persiste en la turbación

deslízate.

# EL CISNE

los cisnes también mueren en primavera
y allí flotaba
sin vida un domingo
dando vueltas de costado
en la corriente
y fui hasta la rotonda
y en las alturas
daban vueltas
dioses en carruajes,
perros, mujeres,
y la muerte
se me coló por la garganta
como un ratón,
y llegaba gente
con cestas de picnic,
riéndose,
y me sentí culpable
por el cisne
como si la muerte

fuera algo vergonzoso
y como un idiota
me alejé
y les dejé
mi hermoso cisne.

## ¿QUÉ TAL TU CORAZÓN?

en mis peores tiempos
en los bancos de los parques
en las cárceles
o viviendo con
putas
sentía siempre una cierta
satisfacción –
no lo llamaría
felicidad –
era más bien un equilibrio
interior
que se amoldaba a
cuanto sucedía
y era de gran ayuda en las
fábricas
y cuando las relaciones
iban mal
con las
chicas.

me ayudó
a pasar las
guerras y las
resacas
en las peleas de callejón
los
hospitales.

despertarse en un cuartucho
en una ciudad extraña y
subir la persiana –
esa era la clase más loca de
satisfacción.

y acercarme en el cuarto
a un viejo tocador con el
espejo roto –
mirarme, feo,
riéndome de todo.

lo más importante es
saber
atravesar el
fuego.

## LAS 3.16 Y MEDIO…

mira se supone que soy un gran poeta
y estoy adormilado en la tarde
mira soy consciente de la muerte como toro gigante
que me embiste
y estoy adormilado en la tarde
mira soy consciente de que hay guerras y hombres
                              [peleando en el ring
y conozco la buena comida y el vino y las buenas mujeres
y estoy adormilado en la tarde
conozco el amor de mujer
y estoy adormilado en la tarde
me pongo al sol detrás de una cortina amarilla
me pregunto adónde se fueron las moscas del verano
recuerdo la muy sangrienta muerte de Hemingway
y estoy adormilado en la tarde.

algún día no estaré adormilado en la tarde
algún día escribiré un poema que traerá volcanes
a esas colinas de ahí fuera

pero ahora mismo estoy adormilado en la tarde
y alguien me pregunta: «Bukowski, ¿qué hora es?»
y yo digo «las 3.16 y medio».
me siento muy culpable, me siento odioso, inútil,
enloquecido, me siento
adormilado en la tarde,
están bombardeando iglesias, vale, no pasa nada,
los niños montan ponis en el parque, vale, no pasa nada,
las bibliotecas albergan miles de doctos libros,
una música grandiosa anida en la radio cercana
y estoy adormilado en la tarde,
llevo una tumba en mi interior que dice:
bah, deja que lo hagan otros, déjales ganar,
dejadme dormir,
la sabiduría está en la oscuridad
pasa barriendo en la oscuridad como una escoba,
me voy con las moscas del verano,
a ver si me pilláis.

## LA VIDA FELIZ DE LOS CANSADOS

netamente en sintonía con
la canción de un pez
estoy en la cocina
a medio camino de la locura
soñando con la España de
Hemingway.
hace bochorno, como se dice,
no puedo respirar,
he cagado y
leído la sección de depones,
he abierto la nevera
he visto un pedazo malva de
carne,
lo he vuelto a echar
dentro.

el punto para dar con el centro
está en el extremo
ese martilleo en el cielo

es solo una tubería de agua
vibrando.

cosas horribles avanzan lentamente por las
paredes; flores cancerígenas crecen
en el porche; a mi gato blanco le han
sacado un ojo
y solo quedan 7 días
de carreras esta
temporada de verano.

al final no apareció la bailarina del
Club Normandy
y Jimmy no trajo a la
furcia,
pero hay una postal de
Arkansas
y un anuncio desechable de Food King:
10 vacaciones gratis a Hawái,
solo tengo que
rellenar el formulario.
pero yo no quiero ir a
Hawái.

yo quiero la furcia con ojos de pelícano
ombligo cobrizo

y
corazón de marfil.


saco el pedazo malva de
carne
lo echo a la
sartén.

entonces suena el teléfono.

caigo sobre una rodilla y ruedo debajo de la
mesa. me quedo ahí
hasta que
para.

entonces me levanto y
enciendo la
radio.
no me extraña que Hemingway fuera un
borracho, maldita sea España,
no la soporto
tampoco.

menudo
bochorno.

## COMPENDIO

más días desperdiciados,
días corneados,
días evaporados.

más días derrochados,
días despilfarrados,
días abofeteados,
mutilados.

el problema es
que los días suman
una vida,
mi vida.

aquí estoy
con 73 años
sabiendo que me han engañado
pero bien,
limpiándome los dientes

con un palillo
que
se rompe.

la muerte debería llegar fácilmente:
como un tren de mercancías que
no oyes cuando
estás de
espaldas.

## ALMA Y CORAZÓN

inexplicablemente estamos solos
por siempre solos
y estaba dispuesto que
así fuera,
nunca se dispuso
que fuera de otro modo,
y cuando la lucha con la muerte
dé comienzo
lo último que quiero ver
es
un corro de rostros humanos
cerniéndose sobre mí –
mejor solo mis viejos amigos,
los muros de mi ser,
que solo ellos estén presentes.

he estado solo pero rara vez me he sentido
solo
he saciado mi sed

en el pozo
de mi ser,
y el vino era bueno,
el mejor que he probado,
y esta noche
aquí sentado
escrutando la oscuridad
comprendo por fin
la oscuridad y la
luz y cuanto hay
entre ellas.

la paz de alma y corazón
llega
cuando aceptamos lo que
hay:
habiendo
nacido en esta
extraña vida
debemos aceptar
la apuesta fallida de nuestros
días
y tomarle cierto gusto
al placer de
dejarlo todo
atrás.

no llores por mí.

no te apenes por mí.

lee
lo que dejo escrito
y luego
olvídalo
todo.

bebe del pozo
de tu ser
y empieza
de nuevo.

## LOS PLACERES DEL CONDENADO

los placeres del condenado
se limitan a breves instantes
de felicidad:
como los ojos con que mira un perro,
como una tabla de cera,
como un fuego consumiendo el ayuntamiento,
el país,
el continente,
como el fuego devorando los cabellos
de doncellas y monstruos;
y el zumbido del halcón en el melocotonero,
el mar fluyendo por entre sus garras,
el Tiempo
borracho y empapado,
todo ardiendo,
todo mojado,
todo delicioso.

# HOLA, ¿CÓMO ESTÁS?

ese miedo a ser lo que son:
muertos.

al menos no están en la calle, tienen
que permanecer dentro atendidos, esos
pálidos locos que se sientan solos delante del televisor,
sus vidas llenas de risa enlatada, mutilada.

su vecindario ideal
de coches aparcados
de parcelitas verdes de césped
de casitas
de puertecitas que se abren y se cierran
cuando los familiares se pasan de visita
allí las vacaciones enteras
puertas que se cierran
tras los moribundos que mueren tan despacio
tras los muertos todavía vivos
en tu típico vecindario tranquilo

de calles en curva
de agonía
de confusión
de terror

de miedo
de ignorancia.

un perro quieto detrás de una valla.

un hombre callado en la ventana.

# GARRAS DEL PARAÍSO

picaflor acartonado
sonrisa de bicarbonato
bragueta de serrín –
me encanta mi panza
y el de la licorería me llama
«Sr. Schlitz».
los cajeros del hipódromo
gritan,
«¡EL POETA SABE!»
cuando cobro mis apuestas.
las damas
dentro y fuera de la cama
dicen que me aman
al verme pasar con blancos
pies mojados.

albatros de ojos borrachos
calzones de Popeye manchados
chinches de París,

he saltado las barricadas
he dominado el
automóvil
la resaca
las lágrimas
pero conozco
la condena final
como el colegial que viera
un gato aplastado
por el tráfico circulante.

en el cráneo tengo una grieta de
cuatro centímetros justo en la
bóveda.
tengo casi todos los dientes
salidos. me dan
mareos en los supermercados
escupo sangre cuando bebo
whisky
y me entristezco
al extremo de la
aflicción
cuando pienso en todas las
mujeres buenas que he conocido
hoy
deshechas

desvanecidas
por trivialidades:
excursiones a Pasadena,
meriendas campestres con los niños,
tapas de pasta de dientes por
el desagüe.

no hay nada que hacer
sino beber
jugar al caballo
apostar por el poema
mientras las muchachas
se hacen mujeres
y las ametralladoras
me apuntan
agazapado
tras muros finos
como párpados.

no hay defensa
excepto todos los errores
cometidos.

entretanto
me doy duchas
contesto el teléfono

cuezo huevos
estudio el movimiento y el desgaste
y me siento tan bien
como cualquiera
caminando al sol.

## EL INFIERNO ES UN LUGAR SOLITARIO

tenía 65 años, su mujer 66 y
el mal de Alzheimer.

él tenía un cáncer de
boca
pasó por
operaciones, tratamientos con
radiación
que le desgastaron los huesos de la
mandíbula
y hubo que sujetárselos con
un cable.

a diario le ponía a su mujer
los pañales
como a un
bebé.

incapaz de conducir en su
estado
tenía que coger un taxi
al centro
médico,
le costaba hablar,
tenía que
dar las indicaciones
por escrito.

en su última visita
le informaron de que
iba a haber otra
operación: una pizca más de
mejilla
izquierda y una pizca más de
lengua.

de vuelta a casa
le cambió a su mujer el
pañal
puso a calentar
la cena congelada, vio el
noticiero de la noche
luego fue a la
habitación, cogió la

pistola, se la puso a ella en la
sien, disparó.

cayó hacia la
izquierda, él se sentó en el
sofá
se puso la pistola en la
boca, apretó el
gatillo.

los disparos no despertaron
a los vecinos.
más tarde
la cena que se quemaba
sí los despertó.

alguien llegó, echó la
puerta abajo, lo
vio.

al poco
llegó la policía y
siguió el procedimiento
habitual, encontró
algunos indicios:
una cuenta de ahorro

cerrada y
una libreta con un
saldo de
1,14$.

suicidio,
dedujeron.

a las tres semanas
había ya dos
nuevos inquilinos:
un ingeniero informático
llamado
Ross
y su mujer
Anatana
que estudiaba
ballet.

tenían pinta de ser la típica
pareja
en progresión ascendente.

## POEMA PARA LOS JEFES DE PERSONAL

Un hombre mayor me pidió un cigarrillo
y yo le pasé dos con solemnidad.
«Ando buscando curro. voy a ponerme
al sol a fumar.»

Iba casi en harapos y en cólera
y estaba a un paso de la muerte.
Era un día frío, la verdad, y los camiones
cargados y pesados como putas viejas
tronaban enmarañados por las calles…

Nos vencemos como tablones de un suelo podrido
mientras el mundo lucha por desencajar el hueso
que lastra su cerebro.
(Dios es un lugar solitario sin bistec.)

Somos pájaros moribundos
somos barcos naufragando –

el mundo se nos viene encima
y nosotros
agitamos los brazos
y nosotros
agitamos las piernas
en beso mortífero de ciempiés:
pero nos dan palmaditas en la espalda
y llaman «política» a nuestro veneno.
En fin, fumamos, él y yo – hombrecillos
rumiando pensamientos en cabeza de chorlito…

No todos los caballos vuelven al establo,
y cuando veas las luces de cárceles
y hospitales parpadear,
y a los hombres mimar sus banderas como a bebés,
recuerda esto:

eres un instrumento tripudo con
corazón y panza, planificado al detalle –
con que si coges un avión a Savannah,
coge el mejor avión;
o si te comes un pollo sentado en una roca,
que sea para ti un animal único.
(llámalo pájaro; yo llamo a los pájaros
flores.)

Y si decides matar a alguien,
que sea cualquiera y no alguien concreto:
algunos hombres están hechos de una pasta especial,
preciosa: no mates
te lo ruego
a un presidente ni a un Rey
ni a un hombre
en su despacho –
esos tienen longitudes celestiales,
actitudes ilustradas.

Si te decides,
mátanos a nosotros
fumando aquí con el ceño fruncido;
estamos oxidados de tristeza y
febriles
de subir escaleras rotas.

Mátanos:
      nunca fuimos niños
      como tus niños.
      No entendemos las canciones de amor
      como tu inamorata.

Tenemos caras de linóleo agrietado,
agrietado por el paso firme,
pesado de nuestros amos.

Nos acribillan con puntas de zanahoria
y semillas de amapola y gramáticas torcidas;
malgastamos los días como mirlos chiflados
y rogamos por noches alcohólicas.
Nuestra sonrisa humana de seda enferma nos
envuelve cual serpentina que arrojasen otros:
ni siquiera somos miembros del Partido.

Somos una escena tachada con la
infecta brocha blanca del Tiempo.

Fumamos, dormidos como una fuente de higos.
Fumamos, muertos como una niebla.

Mátanos.

Un asesinato en la bañera
o algo rápido y brillante; nuestros nombres
en los periódicos.

Célebres, al fin, por un instante,
para millones de impasibles miradas de color uva mate
que son siempre reservadas
para solo vibrar y encenderse
con las pobres chanzas de tertulia pueblerina
de sus correctos comediantes vanidosos y mimados.

Célebres, al fin, por un instante,
igual que ellos se harán célebres
y tú serás célebre
para un hombre todo gris en un caballo todo gris
que acaricia una espada
más larga que la noche
más larga que el espinazo doliente de la montaña
más larga que todos los gritos
lanzados como bombas atómicas desde nuestra garganta
que han explotado en una tierra más nueva, menos
planificada.

Fumamos y las nubes no reparan en nosotros.
Un gato pasa y se sacude a Shakespeare del lomo.
Sebo, sebo, vela como cera: nuestra columna
es endeble y nuestra conciencia va consumiendo
con candidez
la mecha sobrante que la vida ha
repartido entre nosotros.

Un hombre mayor me pidió un cigarrillo
y me contó sus preocupaciones
y esto
es lo que dijo:
que la Edad es criminal
y que la Pena se lleva los laureles

y que el Odio se lleva la
pasta.

Podría ser tu padre
o el mío.

Podría ser un maníaco sexual
o un santo.

Pero, fuera lo que fuese,
estaba condenado
y nos pusimos al sol a
fumar
y a echar una ojeada
ociosos
a ver quién era el siguiente a la
cola.

# ALGUIEN

dios tengo el blues triste y melancólico,
esa mujer se sentó y
dijo
¿de verdad eres Charles
                    Bukowski?
y yo dije
        olvídalo
no me encuentro bien
tengo la tristeza triste,
lo único que quiero es
echarte un polvo

y ella se rió,
creyó que me hacía
el listillo
y ay, le miré de abajo arriba las largas y esbeltas piernas
    celestiales
le vi el hígado y el intestino palpitante,

vi a Cristo allí mismo
brincando a ritmo de folk-rock

todas las largas líneas de privación en mi interior
afloraron
y me acerqué
y la cogí en el sofá
le arranqué el vestido sacándoselo por la cabeza

y me daba igual
la violación o el fin del mundo
una vez más
estar ahí
en cualquier sitio real

sí,
sus braguitas estaban en el suelo
y le metí la polla
la polla dios mío entró la polla

era Charles
Alguien.

# DESTRUYENDO LA BELLEZA

una rosa
luz roja del sol;
la deshojo
en el garaje
cual rompecabezas:
los pétalos están grasientos
como beicon refrito
y caen
como las doncellas del mundo
boca arriba
y yo alzo la vista
al viejo calendario
colgado de un clavo
y me palpo
la cara arrugada
y sonrío
porque
el secreto
me sobrepasa.

## MI ÚLTIMO INVIERNO

veo que esta tormenta final no es nada grave a los ojos
del mundo;
hay tantas otras cosas importantes por las que preocuparse
       y por
considerar.

veo que esta tormenta final no es nada especial a los ojos
del mundo
y no debería tenerse por especial.
mayores tormentas ha habido, más dramáticas.
veo aproximarse esta última tormenta y en calma
mi mente espera.

veo que esta tormenta final no es nada grave a los ojos
del mundo
el mundo y yo rara vez hemos estado de acuerdo en
algo pero
ahora sí estamos de acuerdo.
así que venga, venga esa tormenta final.
he esperado con paciencia demasiado tiempo ya.

## COMO UNA FLOR BAJO LA LLUVIA

me corté la uña del dedo
corazón
de la mano derecha
muy corta
y empecé a frotarle el coño
mientras ella, sentada erguida en la cama,
se untaba loción en los brazos
cara
y senos
después de bañarse.
luego encendió un cigarrillo:
«no te cortes por esto»,
y siguió fumando y untándose
la loción.
yo seguí frotando el coño.
«¿quieres una manzana?», pregunté.
«claro», dijo ella, «si tienes…»
pero conseguí excitarla –

empezó a retorcerse
y se colocó de costado,
mojada y abierta
como una flor bajo la lluvia.
luego se puso boca abajo
con su hermosísimo culo
mirando en pompa hacia mí
y metí la mano por debajo hasta el
coño otra vez.
ella alargó la mano hacia atrás y agarró la
polla, se revolcaba y retorcía,
yo la monté
mi cara hundiéndose en la masa
pelirroja que se derramaba
desde su cabeza
y mi polla empalmada entró
en el milagro.

más tarde bromeamos con la loción
y el cigarrillo y la manzana.
luego salí a comprar pollo
y gambas y patatas fritas y panecillos
y puré de patatas y salsa gravy
y ensalada de col, y comimos, ella me dijo
lo bien que se sentía y nos comimos
el pollo y las gambas y las

patatas fritas y los panecillos y el
puré de patatas y la salsa gravy y
la ensalada de col también.

# LA DUCHA

nos gusta ducharnos después
(a mí me gusta el agua más caliente que a ella)
y siempre tiene la cara suave y serena
y primero me lava ella
me enjabona las pelotas
levanta las pelotas
las estruja,
luego frota la polla:
«¡oye, esta cosa sigue dura!»
luego le da a todo ese de pelo de ahí,
la tripa, la espalda, el cuello, las piernas,
yo sonrío, sonrío, sonrío,
y luego me toca a mí…
primero el coño, me
pongo detrás de ella, la polla en las mejillas de su culo
enjabono despacito los pelos del coño,
masajeo ahí con un movimiento relajante,
me demoro tal vez más de lo necesario,

luego le doy a las piernas por detrás, al culo,
la espalda, la nuca, le doy la vuelta, la beso,
le enjabono los pechos, se los froto, y la tripa, el cuello,
las piernas por delante, los tobillos, los pies,
y luego el coño, otra vez, por si hay suerte…
otro beso, y ella sale primero,
se envuelve en la toalla, a veces canta mientras yo me
    quedo dentro
pongo el agua más caliente
saboreando los buenos tiempos del milagro de amor,
y al fin salgo…
suele ser la primera hora tranquila de la tarde,
y mientras nos vestimos comentamos qué más
se puede hacer,
pero estar juntos lo resuelve casi todo,
de hecho, lo resuelve todo
pues mientras estas cosas estén resueltas
en la historia de la mujer y
el hombre, es distinto para cada cual
mejor y peor para cada cual –
para mí, es tan espléndido que persiste en la memoria
más allá del desfilar de ejércitos
y caballos que recorren las calles afuera
más allá de los recuerdos de dolor y derrota y desdicha:
Linda, tú me lo has traído,
cuanto te lo lleves

hazlo despacio y con cuidado,
como si me estuviera muriendo mientras duermo y no
en vida, amén.

## SI VALORAMOS…

si valoramos lo que nos rodea…
los motores que nos enloquecen,
los amantes que acaban odiándose;
los peces en el mercado
que nos atraviesan el alma con la mirada;
flores podridas, moscas atrapadas en telarañas;
disturbios, rugidos de leones enjaulados,
payasos enamorados del dinero,
países que usan a la gente como títeres;
ladrones diurnos con maravillosas
esposas y bebidas nocturnas;
cárceles abarrotadas,
parados de a pie,
hierba seca, incendios de tres al cuarto;
hombres tan viejos que quieren la tumba.

estas cosas, y otras, en suma
muestran que la vida pende de un eje podrido.

pero nos han dejado un poco de música,
un espectáculo alegre en la esquina,
un chupito de whisky, una corbata azul,
un librito de poemas de Rimbaud,
un caballo que galopa como si el demonio

le persiguiera
por el forraje, relinchando, y entonces,
el amor de nuevo
como un tranvía que dobla la esquina
puntual,
la ciudad a la espera,
el vino y las flores,
el agua caminando por el lago,
y el verano y el invierno y el verano y el verano
y el invierno otra vez.

Primera edición: marzo de 2018

© 2007, Linda Lee Bukowski
© 2018, Penguin Random House Grupo Editorial, S. A. U.
Travessera de Gràcia, 47-49. 08021 Barcelona
© 2011, 2014, 2017, Abel Debritto, Ciro Arbós y Eduardo Iriarte, por la traducción,
cedida por Visor Libros
© 1998, Víctor Lacarta, por la selección

Printed in Spain – Impreso en España

ISBN: 978-84-397-3314-0
Depósito legal: B-8.720-2017

Compuesto en La Nueva Edimac, S. L.
Impreso en Limpergraf (Barberà del Vallès, Barcelona)

RH33140

Penguin
Random House
Grupo Editorial